우리 시대 현대시조 100인선 21

이런 날 하루쯤은

이우종

태학사

우리 시대 현대시조 100인선 21
이런 날 하루쯤은

초판 인쇄 2006년 6월 20일 • 초판 발행 2006년 6월 23일 • 지은이 이우종 • 펴낸이 지현구 • 펴낸곳 태학사 • 주소 경기도 파주시 교하읍 문발리 파주출판도시 498-8 • 전화 (031) 955-7580(代) • 팩스 (031) 955-0910 • e-mail thaehak4@chol.com • http://www.태학사.com • 등록 제406-2006-00008호

ISBN 89-5966-075-2   04810 • ISBN 89-7626-507-6 (세트)

ⓒ 이우종, 2006
값 6,000 원

☞ 저자와의 협의하에 인지를 생략합니다.
☞ 파본은 구입한 곳이나 본사에서 바꾸어 드립니다.

◀ 시 낭송회 (1983)

◀ 청운동 자택 서재에서
　(1992)

향산문학상 시상식에서 부인과 함께 (1994)

『모국의 노래』 출판기념회에서 기념 촬영 (1998)

차례

제1부 모국(母國)의 소리

모국(母國)의 소리	13
산처일기(山妻日記)	14
춘향(春香)의 장(章)	15
산정(山頂) 이야기	16
종(鐘)·1	17
종(鐘)·2	18
충무공송(忠武公頌)	19
동행(同行)의 의미	20
학(鶴)의 의미	22
오늘의 의미	24
탑(塔)	25
이야기나 나눕시다	27
낙엽(落葉) 이야기	29
녹음(綠陰)의 장(章)	31
백설(白雪)의 장(章)	33
너를 위해 오늘을 산다	35
출범(出帆)의 노래	38

제2부 이런 날 하루쯤은

소쩍새 사설(辭說)	57
달리기	58
담뱃불	59
이런 날 하루쯤은	61
어느 날의 기도문	63
꽁초와 나	65
삭지 않는 돌	67
간이역(簡易驛) 부근	69
꽃과의 동행(同行)	71
서울의 담 · 1	72
선술집	73
이농(離農)	74
남해(南海)에서	75
가을 이미지	76
석상(石像)	77
가을비	79
산(山)에서	81

비 개인 하늘	82
임진강(臨津江)	83
인왕산(仁旺山) 바람	84
아침 바다	87
초승달 · 2	90
봄의 노래 · 1	91
가을 문턱에서	92
봄의 문턱에서	94
밤의 서정(抒情) · 1	96
우리 사이	97
달밤에	98
사랑 찾기	100
당신	101

제3부 어머니의 방

어머니의 방 · 1	105
의자(椅子)에 기대어	107

삶의 층계	108
사진첩(寫眞帖)	110
자술서(自述書)·2	112
누님댁	114
고향	116
세모(歲暮)에	118
한눈 팔다가	119
검버섯 필 무렵	121
지나는 길에	123
빛살 캐기	125
서울 거리	128
장작 패기	131
사는 법	133
오시게나	135
창문 내기	137
비 내리는 오후	138
길	139
방향 감각	140
저녁 놀	141

이사를 하던 날에 142
제주도 돌담 143

해설 잔정(情)으로 쌓아올린 '개미 금탑'·정종진
 145
이우종 연보 157
참고문헌 163

제1부 모국(母國)의 소리

모국(母國)의 소리

퉁기면 열두 가락 목을 빼면 학(鶴)의 춤이
일렁이는 여울물에 한동안 쫓기다가
가난한 동구 밖에서 물이 드는 도라지꽃

곱게사 여민 청자(靑瓷) 물살 환히 밝아 오고
다홍 고추 동동 띄워 고향의 맛 빚어 낼 땐
우러러 하늘을 보면 과즙으로 *끈끈*했다

일월(日月)을 오르내린 꽃사슴의 발자국이
신화(神話) 저 편에서 무서리로 덮이는 밤
옷고름 다시 조이는 춘향이의 기침 소리

(1970.11)

산처일기(山妻日記)

한 십년 살다 보면 가난도 길이 들어
열두나 다랭이가 줄이 죽죽 금이 가도
당신이 웃는 동안은 청산 위에 달이 뜬다.

장마루 놀이 지면 돌아올 낭군하고
조금은 이지러진 윤이 나는 항아리에
제삿날 울어도 좋을 국화주(菊花酒)나 빚어야지.

아직은 두메산골 덜 익은 가을인데
사랑이 응어리로 터져 오는 밤이 오면
보리를 쌀이라 해도 묻지 않는 양(羊)이어라.

(1966.8)

춘향(春香)의 장(章)

죽음은 아아라한 탄생 속에 있다지만
안으로 떨어지는 한 방울 선지피가
창호지 가슴 둘레를 메아리로 적신다

꽃병은 울며울며 돌아앉은 너의 모습
일월이 흘리고 간 서투른 손짓으로
보랏빛 우산을 쓰고도 비를 맞는 춘향아

사랑을 밀수하던 끈적이는 가슴하고
비탈길 모롱이를 시오리쯤 걸어가면
그날의 하늘을 이고 진달래는 필 건가

(1965.7)

산정(山頂) 이야기

악수(握手)의 거리(距離) 밖에 아쉬운 정을 두고
숫제 돌아 앉은 연륜의 자세인가?
깨물어 피가 나오는 손등에서 피는 꽃잎

번갈아 낮과 밤이 명멸하는 지점에서
한결로 이어지는 짜릿한 염원이사
사랑여 애달프게도 너를 지녀 산 때문

나 홀로 주고 받는 오늘의 대화에는
무언가 무엇인가 전부를 얻기 위해
때 묻은 그 얼굴들이 화사하게 피어나고……

우리네 눈망울에 흔들리는 푸른 가지
그날을 바램하여 오늘토록 키운 보람
깃발로 나부껴야 할 바람이여 불어라

(1962.6)

종(鐘)·1

소롯이 퍼져 오는 먹물보다 짙은 것은
손톱이 저리도록 가난한 이웃일레
아람질 내일을 향해 참회하는 종소리

태양을 연모하다 저버린 계절이여
산정(山頂)의 비정(秘情)으로 진달래는 물드는데
아직도 가슴 안에서 종은 울어 예는가

까마득 웃음이며 별을 등진 골짜기에
언젠가 종이 울려 파아랗게 넘칠 게다
그날에 소용돌이 칠 둥근 해여 둥근 해!

(1961.3)

종(鐘) · 2

닿을 듯 잡히울 듯 목마른 난간에서
바르르 몸을 던져 달빛을 흔들면
한밤에 이슬은 내려 내 사랑이 젖는가

타까운 이야기를 되씹곤 살길 없어
설움이 벅차 오면 터뜨리는 그 사연을
이밤도 바람이 일어 나뭇잎은 지는가

(1960.1)

충무공송(忠武公頌)

한산섬
그날의 하늘처럼 달은 둥실 떠 있는데
한 뼘의 거릴 두고 돌아 누운 이 한밤엔
낭랑히 들려만 오는 님의 소리 북소리

(1970.3)

거북선
기우뚱 흔들리자 은빛 현(弦)이 끊긴 바다
태양을 가늠하던 슬기로운 그 빛으로
새벽은 열렸느니라 현은 다시 울리고

(1971.3)

동행(同行)의 의미
―휴전선에서

저렇게 나무 잎은
오손도손 다가붙고
예대로 강은 흘러
남과 북을 적시는데
서로는 과녁이라서
눈멀어야 하는가

하늘은 아직도야
밤낮으로 푸른 것을
나는 길을 가야 하고
애써 막는 네가 있고
누구라 동행인 것을
증언할 순 없는가

가뭇이 사라져 간
전설을 찾기 위해
타까운 대열(隊列)들이
소리소리 외친 지점

그날의 산정(山頂)에 올라
새는 아직 우는가

팻말엔 「출입금지」
놀 빛에 타는 저녁
복사꽃 만발하던
기억의 층계 위로
끝없이 쏟아만 지는
눈발이여 눈이여

별이 지는 세상에도
피어나는 꽃잎처럼
한 번쯤 얼싸 안고
목놓아 울다 보면
물보단 피가 짙더라
얘기할 수 있을까

(1960.12)

학(鶴)의 의미

허공을 좇아가던
하이얀 기도문이

부재(不在)를 손짓하며
싸느라니 식는 체온

놀보다 진실히 타는
어머니를 부른다

나무가 죽는 날도
바람이야 부는 것을……

피울음 쏟던 날에
놓고 온 언어들은

어느 먼 성하 곁에서
참회하는 밤인가

눈물의 광주리를
서서히 내려 놓면

기억의 가지 끝에
새벽이 웃고 있다

빙 돌아 하늘을 마시면
빗장문이 열릴까

(1964.1)

오늘의 의미

얼마를 더불어야 당신같은 느낌일까
금간 투가리의 상사(相思)하는 거릴 두고
별들이 타는 밤에도 반만 열린 창이여!

병정이 줄지어 간 하오의 마을에서
불씨를 쪼으려다 죽어야 한 이유처럼
흰 나비 살아온 죄를 상장(喪章)으로 접는가?

아리한 이야기야 놀 속에 흐르는 피
외면한 노처녀의 새벽같은 시간에도
바다는 어쩔 수 없이 출렁이고 있었다.

(1964.7)

탑(塔)

천년을 해와 함께
지켜 온 침묵인데

엮어 온 꿈이 있어
안으로 부푼 생명

뽀얗게 주름져 오는
황홀했던 나날들

피나게 고요한 밤
별을 바라 섰노라면

4월의 이야기*가
놀처럼 번져 간다

또 하나 아쉬운 꿈을
잉태하는 괴로움

아! 신라(新羅)적 해와 달은
못내 도는 제 자린데……

겹겹이 멍든 사연
헤어 보는 이 아침엔

원형(原形)의 푸른 하늘을
머리 위에 여 본다

(1961.1)

*4월의 이야기 : 4·19 의거를 뜻함

이야기나 나눕시다

꽃잎이 지는 밤도
달은 둥실 떠 있더라
소낙비 어쩡어쩡
낮과 달이 스치는데
내 방엔 호롱등불을
몇 번이나 밝혔던가

절반을 더 살고도
절반을 다 못 깨쳐
늙는 게 서럽기로
화장하는 초조보단
나란히 동산에 올라
이야기나 나눕시다

아직은 잊지 못해
먼 추억을 건드리면
떨리는 손 끝에
연분홍 물이 들고

그 때의 얼굴처럼이나
피어 있는 해바라기

동전을 따지다가
열이 오른 오후 한때
까마득 달음쳐 온
천년보다 긴 세월이
얼굴도 붉히지 않고
가을비에 젖는다

그날로 되돌아 갈
점지 받은 흙이 있어
참고 살아 가는
우리네 어진 목숨
두 눈을 감는다면야
차마 죄는 없어라

(1969.12)

낙엽(落葉) 이야기

넘치는 의욕으로
출렁이는 삶의 자국
그리움은 향을 피우는
기도(祈禱)의 높이에서
도도히 흐르는 얼굴
얼굴들의 홍수여

오는 듯 가는 것은
가는 양 온다기로
삶과 죽음이
소용돌이 하는 속을
계절의 발자국들이
눈물 없이 내린다

한 끈에 매어 있듯
산산이 절단되듯
하나의 출발이
종점으로 통하면서

또다른 시점을 향해
숨막히는 대면이다

(1962.10)

녹음(綠陰)의 장(章)

외로운 사람들은
맨발로 달려오렴!
어차피 두고 떠난
사랑같은 이야기야
꽃으로
펴 날 때까지
마음 속에 묻어 두자

뜨거운 흐느낌을
잎으로 나누면서
끝내 빨아 올린
끈끈한 밀어들이
그날의
가슴만큼씩
파라솔을 펴 든다

태양이 칠칠 녹아
나무에서 윤이 나는

수면(睡眠)도 잊고 나온
싱그러운 산모롱이
백학은
나래를 펴고
청산 위에 시(詩)를 쓴다

싱겁게 맴돌다가
팽이채에 멍든 살을
훨훨 옷을 벗고
녹엽(綠葉)으로 문질거나
순이가
목을 놓아도
돌아 봐선 안된다

(1963.6)

백설(白雪)의 장(章)

살아 온 눈물만큼
세월이 번지는데
꽃뱀이 되리라는
순이의 머리 위로
하늘이 마구 무너져
지천으로 쌓인다.

시들한 이 마을엔
고향같은 꽃이 없어
잉 잉 울어 예는
눈송이를 헤노라면

먼 날의 이야기들이
시리도록 젖어온다

별과 달을 엮다가도
임이여! 겨운 정(情)에
뒹굴며 떨어지는

얼얼한 하늘조각
종로에 눈이 내리면
발자국이 찍힌다.

(1963.1)

너를 위해 오늘을 산다

밝은 청탑에서
부서지는 종소리며
식욕이 왕성한
아침상을 가늠하여
지그시 두 눈을 감고
이주(移住)해 간 외삼촌

기러기 날개 위에
계절이 묻어 가면
또 한번 둘레에서
흐느끼는 가을비에
중량을 헤아리다가
무너지는 꿈의 한계

살이 살을 위해
울지 않고 죽음하는
까맣게 그슬려 온
봄을 등진 나의 산하

기도의 눈물 속에는
꽃잎마저 흐르는데……

먼 데로 귀가 열려
외출을 겨냥하면
침침한 횡단로의
이 편에서 저 편까지
온 종일 같은 농도로
채색되는 언어들

냉수 마실 생각마저
누워 버린 한나절은
섧도록 내 목의
길이만큼 긴긴 하루
별들이 물에 잠기는
그런 빛은 없을까

목관악기 맨 끝 소리에
깨어난 나비떼가

겸허한 어진이의
손짓따라 날라오듯
너와 나 고향은 지금
어디쯤서 출렁일까

마지막 우러러 본
내 고장 둥근 해가
해바라기만큼이나
두 눈에 박힌 채로
그 어느 불의(不意)의 짐승처럼
무찔리어 죽기로니—

뛰노는 강아지의
눈빛을 담아가며
온갖 동작으로
문지방을 넘는 아이
우리는 그 옆에 서서
촛불이나 밝혀야지

(1970.7)

출범(出帆)의 노래
―장시(長詩)

1
이 새벽 문을 여는
태양의 바다에는
가슴 안을 헤엄쳐 가는
슬기로운 정어리떼
스러진 그 시간들이
하나하나 고갤 든다

2
죽었다가는 살아나고
살다가는 죽어가는 까닭을 너는 아는가
단순한 바람만으로 출렁이는 물살의 이유를
아침 산책을 나온 두 남녀는 생각해 보았는가
어항 속에서 공해로 죽어간 금붕어를 낚아
투명한 거울에다 비춰나 볼까
혈압이 높아 내일쯤 살다 갈 암퇘지와
백년 전 부황이 나
죽었다는 부엉새의 얼굴들이

용하게 하나인 것을 내사 몰라
내 얼굴도 내라사 몰라

3
이 어지러운 강변을
서성대는 산 여신(女神) 그대여
짤리운 손가락에 피를 돌려
그 어느 날의 부드러운 손놀림으로
콧등이 찡하게
거문고 가락을 들려줄 수 없을까
발 끝에 힘을 주어 고전무(古典舞)로 밟아 가면
은쟁반 위 구슬 구르듯 돌아갈 수 없을까
추기는 추어도
추라면 그렇게 출 수는 있어도
무릎이 저려 오는 이유를 나는 몰라
내 무릎도 내가 몰라

4
밖에는 소문처럼 무서리가 내리고
매연이 일렁이는 항구
항구 사람들이 밀폐된 유리방에서
근시 안경에 인조견을 걸치고
당뇨병 환자가 되었을 때
일곱 빛 다리가 끊어진 강(江)
사방은 어둠이 오고
조개는 자갈을 물었다

햇살을 더불고 휴식을 즐기던
갈매기의 당황한 눈초리
순수를 지켜 오던 진주알의 눈부신 빛깔
우리들 피부 위를 적시던
뜨거운 모정(母情)의 긴 긴 탄식
용맹과 의지를 철썩거리는 푸른 파도와 함께
바람개비는 강바람에 어울려 기세를 올리고
그래서 갑자기 어깨 위로는 우박이 쏟아지고

톱니같은 번갯불은 치는 것일까
청계천 어느 골목에서 마신 술을
금호동 고개에서 토하고 나면
석간 사면(夕刊 四面)에 잡히는 우울한 어휘와 어휘
차마 곱게는 미칠 수 없는
그 갈증나는 사람들이
까맣게 밀려 오는 기류 속에서
허우적거리는 오늘
저 건너 마을에선 신장대에 넋이 올라
가죽 북이 찢기고
뜰 앞 백년 넘은 으능나무에서 낙엽이 진다
으능잎은 누구의 얼굴일까
누구의 얼굴이어야 하는가

부풀어 얼음 소리 쩡하는 삼경(三更)
천장 얕은 불면(不眠)의 방에서
신기하게 자란 머리털에 성냥을 그어 댄다
연기 속으로 흐르는

저 외로운 행렬들의 발자국소리
그리고 폐병 삼기로 드러누운
옆집 청년의 격한 기침 소리
새어나오는 생활을
사방에서 지우산으로 떠받치는 소리 소리……

어둠에 침식당한 창살 위에
비틀거리며 걸어가는 네 뒷모습과
삘딩 사이 키가 작아 서러운
대한문이 어른거리면
천길 눈구렁에 빠진
다정했던 이웃들의 목소리
가파른 빙판에서
굴러 떨어지는 비둘기 소리에
무성해야 할 연대(年代)가
장작으로 쪼개지는 소리
쪼개져 쌓이는 소리

솔만큼 푸르렀던 나의 꿈이
눈 속에 파묻혀 울다가
새로 얻은 감기로 새벽을 앓다가
6·25때 죽은
내 아우의 음성이 들려 오는
어느 계곡을 헤매다가
동상(凍傷)의 발가락처럼 잘려 가고 있다

5
한 백년 살아 온 것도 전도사도 아닌데
말세여! 세상은 말세여! 그런다지
댁의 부인은 낮새 안녕하십니까 그런다지
어느 마을에선 제 아비를 고발한
아들에게 상을 줬다지
선생님 머리 위엔 불벼락이 싫대나?
죽겠지 약올라 죽겠지 하면서
아이들이 그런다지

6
흔들리는 곳에
쓰러지지 않는 오만한 나무뿌리
타협 없는 거리를
거침없이 걸어갈 순 없을까
눈을 뜨고도 앞 못 보는 청맹(靑盲)에게

차라리 눈을 감게 할 순 없을까
영하 십도로 얼어붙은 겨울밤을
깨뜨리는 다듬이 소리는 없을까
그 겨울밤의 긴 긴 골목을 빠져 나온
강남 제비에게 넓은 뜰은 없을까
계절풍이 불지를 않아
후조들이 나르질 못한다

7
동이 트면 말없이 잎을 피우기 위해
실바람에도 귀를 모으는 나뭇가지의 정성

처럼 말없이 살다가 말없이 간
내 백성들의 팔과 다리
피로해진 스스로의 무게를 가누지 못해
저렇게 다가 붙은 이파리들이
핀 채로 핀 채로 있고 싶은
기억들로 나부낀다.

여름밤 단 한번 빛을 찾아 낸 기쁨으로
불 속에 뛰어 드는 불나방도 못되는
까닭도 없이 순순히 따라만 가던 양의 무리
무엇이 저들을 그렇게 만들어 놓았을까
죄만큼이나 푸짐한 왕릉(王陵) 밑에서

죄 없이 떨고 있는 군상들을 응시하며
할머니는 아침부터 제기(祭器)에 윤을 내고 있다

인연이 다한 산하에도 해와 달은 뜬다기에
애써 땅 속 깊이 꽃씨를 파묻던 우리

그것은 흰 옷 입어 온 죄 탓일까
죄인처럼 기름과 고기를 멀리하고
콩나물과 산나물로
끈질기게 창자를 채워 온 우리
그리하여
우리가 우리 속에서
오늘의 우리를 찾은 우리
슬픈 죄인이여!
슬픈 우리여!

8
울어라 울어라 새여 자지 말고 울어라 새여
너만큼 시름 한 나도 자지 않고 우니노라
번갈아 계절을 맞기 위해
꽃은 피고 이운다지만
내 님을 그리사와 우니다니
산접동새 난 비슷하요이다

침몰해 가는 주변의 어둠 속에서
시계가 울린다
어쩌면 태초같고
아니면 종말같기도 한 이 밤
시침을 돌려 자정에다 못을 칠까 봐

너를 흔들면 얼마큼의 소리가 날까
―엄지손가락 사이로만 미끄러지던
약삭빠른 그림자도 보이질 않아
모시어 짐짝처럼 받들어 주던
버스의 은혜는 잊어도 좋을
……아으 동동다리

얘! 무교동 골목에선 양심같은 건
뒹굴어도 아프질 않대
인생의 부도를 내도
이 밤이사 기소(起訴)가 없는
……위 두둥실 태평성야(太平盛夜)

얼음 위에 댓잎자리 보아
님과 나 꽁꽁 얼어 죽을망정
더디 새소서 이 밤 더디 새소서
이목구비(耳目口鼻)의 공휴일은 밤의 공휴일
좋아좋아 좋아라 좋아

9
불을 지를까
겨우내 바람 막던
빛바랜 문풍지에 불을 지를까
4월의 노래를 찍어 내던 도끼날
도끼날에 간음당한 어이없는 웃음과
소심한 이웃들의 험상궂은 울타리
대대로 물려받은 숱한 신화들을
한 곳으로 집합시켜 불을 지를까
참숯을 얻기 위해 생나무를 태우고
낳고 또 낳기 위해 천년 고목을 자를까
삶의 부끄러움 부끄러운 삶이여!

그리고 겨울이여!
겨울 정수리에 불을 지를까
모두의 가장 아픈 상처 위에 불을 지를까

10
어린이의 칼놀이에도 죽음이 흥정되고
파란 쇠 끝으로 석상(石像)의 허릿매를 쪼아내는
기막힌 우리들의 풍속도를 기어 넘어
식욕이 왕성한 식탁
천둥 소리에도 흔들리지 않는
건강한 식탁을 마련할 때다

우리네 짙은 감성의 바다를
헤엄쳐 가는 물고기의 넋이여
더듬거리는 햇살을 소리치다가
마침내 찢어진 성대여
숨찬 기침이여
좁은 명동골목에서 방황하던 발자국이

천길 산맥을 넘어 온 바람을 만나면
악수(握手) 안에 흥건히 고일 눈물
눈물 속에 피어날 한 송이 꽃이여

11
아이들 적에 이웃 영철이와
자치기를 하다가 쓰러져 꿈을 꾸었지
꽃씨가 되어 훨훨 날다가
고속도로 주변 넓은 벌판에서
진달래로 물이 드는
산너머 남촌(南村)같은 그림을 보았지
강물은 안으로 안으로만 흘렀고
종달새는 새벽부터
하늘을 뚫었지

나무가 나무대로 한 겹씩 옷을 벗을 무렵
자기 키 열배만큼의 앙상한 가지 끝에
빨갛게 물이 드는 씨감 하날 보았지

하루 세 때씩 우러러 보던 나에게
등을 툭툭 치시던 어머니
너는 나의 귀여운 꽃
화사한 씨앗이라 하셨지

언제부터인가
나는 열병으로 몸을 떨고 있었지
등을 쳐 주시던 어머님의 그 손으로
머리를 짚어만 주신다면
머지 않아
악한(惡寒)도 가실 거라는 꿈을 꾸었지

어릴 적 버릇으로 연이나 띄울까
파란 물에 젖을 때까지 높다랗게 뜨고 보면
결국 슬픔의 벽은 없어지고
너와 나는 하나인 것을
하나의 땅으로 보일 때까지
파란 연을 날리면

꽃밭은 그날의 소망처럼 기다리고 있을까
철쭉꽃 곱게 타는 윤삼월 동산에서
피를 토하는 소쩍새 울음 소리
이 꽃을 파수하라!
이 봄을 파수하라!

12
나를 외면한 뒷골목에서
두둥둥 누군가가 북을 울린다
고이는 소리
열 손가락을 모아 움켜내도
아직은 빠져 나가는 매끄러운 음향
아내의 손을 빌어
묵은 때를 문지르면
피흐를 나날
권태로운 시간에 기지개를 켜며
사방으로 문이 트인 방에서
참으로 오랜만에

잠옷을 벗어볼 수 있을까

가파른 벼랑을 질러 빠져 나간 물새
시린 삼동(三冬)이 지나면
다시 돌아온다고 했다

향로봉 고지에서 억울하게 죽어 간
삼용(三龍)의 별은 아직 반짝이고
토담 옆 매화향기 은은한 겨울의 꽃
영하의 어둠 속에서
붉게 타오르고 있는
우리 대대(代代)의 웃음을 본다

13
전송하는 이의 흔드는 손짓을 싣고
다시 한번 출발을 서두른다.
연신 까만 매연을 토해 내면서
하얗게 아침이 쏟아지는 쪽으로

갈구(渴求)를 이끌고
검푸른 물이랑을 헤치며
배를 몰 것이다

고향 꿈이 내린다
간밤 꿈길에서 얻은
멀고 먼 나라의 은혜가
뱃머리에 사락사락 내리고 있다

14
선박 밑 흘러 예는
이 새벽 강물처럼
끝없이 펄렁거릴
파아란 기폭들이
지난 날 어머님 말씀대로
간판 위에 꽂힐까?

(1969.10)

제2부 이런 날 하루쯤은

소쩍새 사설(辭說)

달빛을 어르다가
암수끼리 어르다가

긴긴 밤 허리에 감고
당겼다 늦추었던

황진이(黃眞伊)
멋으로 꺾인
절벽에서 울었다.

한밤을 날으다가
산마루를 날으다가

목숨을 앗아가도
따를 수는 없다 하던

춘향(春香)이
절개로 뻗은
가지 끝에 앉았다.   (1991.5.14)

달리기

모이고 모였다가
흩어지는 물보라와

무시로 흩어졌다
모여드는 바람떼가

내 작은
창을 흔들며
소리치고 있는 거다.

손목을 당기어도
떠나가는 그네들과

그 손을 뿌리쳐도
다가오는 무리들이

비워 둔
벌판을 향해
달려가고 있는 거다. (1996.6.2)

담뱃불

꽃마을 입구쯤에
실버들로 버티면서

더러는 둥지 잃은
겨울새도 부르더니

오늘은
휘인 가지 끝에
빈 하늘만 걸립니다.

실없이 어우러져
목청을 돋우노라

꽤나 오래도록
외출했던 시간들이

문턱에
발목이 걸려
삐걱이고 있습니다.

서투른 가위질로
불어나는 자투리가

저 맑은 하늘가에
티끌로 날릴까봐

간밤엔
그 좋아하는
담뱃불도 껐습니다.

(1992.7.19)

이런 날 하루쯤은

갈꽃을 꺾어 들자
가슴앓이 도지거든

그런 날 하루쯤은
강변길을 거닐다가

한 십 년
숨겨만 오던
그 속살을 씻는 거다.

그리움의 무게만큼
박넝쿨이 늘어질 땐

슬며시 한번쯤은
빗장문을 열어 놓고

목이 긴
사람이거든

버선발로 맞는 거다.

늦가을 초승달이
눈썹 위에 꽂혀 오면

다음 날 하루쯤은
황톳재를 넘는 거다

고향 녘
스쳐만 가도
열무김치 맛이란다.

(1995.7.21)

어느 날의 기도문

넉넉한 하루해가
어머니로 다가올 때

받아서 채워지는
가슴이 되기보다

주어도
채워만 지는
가슴이게 하소서.

저 푸른 공간으로
되돌아 갈 거라면

몰라서 비워지는
머리가 되기보다

알아도
비워져 가는

머리이게 하소서.

태양도 때가 되면
나직 나직 떨구나니

없어서 고개 숙인
사람이 되기보다

있어도
고개 숙이는
사람이게 하소서.

(1996.12.31)

꽁초와 나

지금은 턱을 괴고
들창가에 누웠지만

돌밭을 일궈내는
쟁기날로 서 있다가

잘 익은
과원 둘레를
달리기도 했었다.

눈 뜨면 사라져도
눈 감으면 다가오는

그 많은 발걸음의
길고 긴 그림자를

불러도
들리지 않을

가슴으로 불렀다.

해질 녘 종로에서
담뱃불을 댕기다가

얼비친 쇼윈도에
내 얼굴을 찾다 보면

아 나는
너무도 빨리
태워 버린 꽁초였다.

(1994.7.19)

삭지 않는 돌

늘어진 하루해를
침대 위에 눕혀 놓고

기억의 숲속으로
노를 저어 가다 보면

기나긴
세월에서도
삭지 않는 돌이 있다.

밤이면 어머니가
등 너머로 오신다며

일기를 쓰다 말고
울먹이던 그 친구가

그 어미
오기도 전에

먼저 가고 말았다.

내 그린 그림 속에
꽃이고저 싶던 그가

삼천 리 몇 천 리를
떠나야 한다면서

어깨를
들먹거리던
그런 일도 있었다.

(1997.1.30)

간이역(簡易驛) 부근

내 나이 열 살쯤엔
하늘이 너무 낮아

새벽녘 창가에서
팔을 쭉쭉 펴보더니

어느새 시간의 엉덩이를
내리치고 있었다.

그날의 목소리가
빈 병으로 나뒹구는

청운동 골목으로
발걸음을 옮기다가

까맣게 타들어가는
시계탑을 보았다.

얄팍한 배를 깔고
맨살로 문지르며

죽어간 가을밤을
벌레들이 울어대는

간이역 내리막길을
기어가고 있었다.

해돋이 해넘이의
고삐를 당기면서

흩어진 자국들을
가지런히 챙기는데

온종일 내리는 비가
무릎까지 차오른다.

(1992.3.28)

꽃과의 동행(同行)

저 고운 꽃잎들도
흔들리며 피는 거다

바람이 부는 대로
흔들리며 피었나니

꽃 피는 언덕에 올라
흔들리며 사는 거다.

그 많은 꽃잎들도
젖으면서 지는 거다

빗물이 배는 대로
젖으면서 떨구나니

꽃 지는 그늘 뒤에서
젖으면서 가는 거다.

(1996.6.25)

서울의 담 · 1

터 한번 잡으려고
허구한 날 기웃대다

바람의 무게만큼
내려앉은 그 어깨로

저 높은 서울의 담을
용케도 버텨 왔다.

새치를 뽑고 있는
아내를 달래 가며

오늘이야 설마 하고
구두끈을 매던 날에

여섯 자 담장 높이가
일곱 자로 치솟았다.

(1994.8.7)

선술집

회색 벽 모퉁이의
선술집 뜰 안에선

가슴앓이 선율들이
힘줄을 세우다가

노을 진
하늘을 향해
헛발질을 하고 있다.

가로등 하나 둘씩
몸살 앓는 저녁나절

개처럼 사는 오늘
개처럼 울고 싶어

순희는
연탄집게로
자기 살을 집었다.   (1995.4.16)

이농(離農)

강 건너
저 마을에

꽃집들이 들어서자

서투른
마을에선

바람으로 채우다가

더러는
풍선이 되어

날아가고 있었다.

(1988.2.15)

남해(南海)에서

내 고향 문을 닫는
잿빛 같은 슬픔으로

천 길 깊이에선
서라벌의 말이 뛰고

때로는
이랑을 넘어
대원군(大院君)이 울고 있다.

빛 고운 은어떼가
새벽문을 두드리면

서서히 일렁이는
그날의 푸른 숨결

흐르는
원목(原木)의 떼가
마디마디 눈을 뜬다.   (1983.10.5)

가을 이미지

잘 익은 가을볕이
창을 톡톡 두드리네

때 묻은 기억들이
악수를 청해 오고

하늘도
구름 사이로
엉덩이를 들썩이네.

못 죽을 그리움에
갈잎이 굴러가네

빈방을 서성대다
절반쯤 문을 열자

남산이
발꿈치 들고
알몸으로 안겨 오네.   (1995.6.4)

석상(石像)

바르르 손을 떨며
향 피워 올린 숨결

세월이 길로 쌓여
사랑도 끊긴 날에

말씀은
안으로 고여
이끼로만 돋습니다.

실뱀이 기어오른
간지러운 어깨 너머

이랑 이랑으로
어둠이 깔려 오면

잔잔한
물빛 참회로
밤이슬에 젖습니다.

가난한 축대 위로
비바람이 몰려와도

함부로 젖지 않고
넉넉하게 살다 보면

소나기
울음 다음에
하늘문이 열립니다.

(1992.7.7)

가을비

나직한 목소리로
하늘이 내려온다

가을이 죄스러워
옷깃을 여미어도

얼룩진
어깨 너머로
비가 온다 아가야.

얼굴을 가린 채로
하늘이 다가온다

채색된 그리움이
가슴으로 꽂히면서

그대의
사투리처럼

비가 온다 아가야.

신들린 가락으로
하늘이 무너진다

열두 겹 속살들이
비쳐 오는 들녘에서

계절이
체온을 재며
비가 온다 아가야.

(1986.10.20)

산(山)에서

저만치 길이 있어 굽이도는 길이 있어
고운님 밟고 갔을 그길 따라 걷노라면
청산이 빗장을 풀고 나를 끌어 들이네.

빛살로 부숴지는 저 골짝 물보라에
이 골짝 나뭇잎이 수런수런 눈을 뜨면
윤삼월 무덤가에도 피가 돌아 꽃이 피네.

한 세월 밀어 올린 벼랑의 저 끝에서
흰 구름 한가롭게 숨 고르는 한나절은
철새도 낮달을 가려 초록으로 몸을 씻네.

나직한 저 하늘을 이마 위에 얹어 놓고
적막의 숲 속에서 속살 한 번 헹구다가
조약돌 그만도 못한 나를 보고 울었네.

초롱꽃 등 달거든 나도 따라 등을 달고
산토끼 뛰어들면 등이라도 긁어 주며
한 자락 솔잎을 깔고 예서 마냥 살까보다.　(1986.6.22)

비 개인 하늘

하늘도 이런 날은
개짐까지 풀어 놓고

비 내린 저 들녘을
질펀하게 깔고 앉아

속눈썹 깜박이면서
은근짜로 웃고 있다.

암창난 검정소가
풀밭을 베고 누워

낮달을 어르다가
선하품을 하는 동안

하늘 땅 살을 섞으며
진저리를 치고 있다.

(1997.7.13)

임진강(臨津江)

그대는 들었는가
임진강이 우는 소릴

바람에 밀리다가
꿈에서 밀리다가

여울목
벼랑을 딛고
울부짖는 저 소리를.

들머리 빈 자락에
고향 뜰이 얼비치면

손 흔들며 흐르다가
온몸으로 흐르다가

세월의
난간을 잡고
피가 뚝뚝 지는 소릴. (1992.7.13)

인왕산(仁旺山) 바람

인왕산 골짜기엔
바람들이 살고 있다.

솔잎을 어르다가
치마바윌 더듬다가

눈보라
치는 날에는
울화통을 깨는 소리.

인왕산 마루턱엔
바람들이 키를 잰다

아무리 목을 빼도
고향 녘은 멀다면서

발꿈치
들어올리며

한 치라도 솟는 소리.

인왕산 숲속에선
바람들이 울먹인다

산꿩이 알을 품는
으스름 달밤이면

쓰러진
팻말을 베고
훌쩍이는 울음소리.

인왕산 길섶에선
바람들이 잠을 잔다

낮 하루 방황하던
상처들을 달래 가며

내일의
채비를 위해
잦은 코를 고는 소리.

(1993.6.23)

아침 바다

어젯밤 바다에서
목놓아 울던 새가

이마를 문지르며
아침 해가 떠오르자

은모래
고운 벌판에
깃을 치며 앉는다.

늘어진 그림자가
너로 하여 스러지면

잠자던 해초들이
수런수런 눈을 뜨고

박꽃이
벙그러지듯

하루 해가 열린다.

한겨울 눈이 쌓여
오솔길이 끊겼어도

바다를 마주하면
가슴 안에 길이 트여

한 번 준
눈짓으로도
정이 돋는 아침이다.

이런 날 하루쯤은
빗장문을 열어 놓고

얼룩진 옷자락을
저 바다에 헹궈 내면

강 건너
마을에서도
휘파람을 불 게다.

(1985.2.10)

초승달 · 2

소쩍새
저리 울어

죽을 수도 없는 밤에

인왕산
어깨 위로

청승스레 걸친 달아

잘 닦아
가슴에 달면

저승길도 보이겠네.

(1991.2.29)

봄의 노래 · 1
―육자배기

서너 달
참다 보니

푸성귀 눈을 뜨고

가슴 둘레
쌓인 눈이

나들이를 떠날 무렵

신발을
갈아 신어도

서러워라 육자배기.

(1991.2.26)

가을 문턱에서

이 가을 문턱에서
다시 도진 사랑니여

어쩌나 어쩔거나
불이 붙은 이 목숨을

속살도
가리지 않고
뛰어들을 일이다.

불면의 강을 건너
청사초롱 밝힌다면

돌아라 휘돌아라
저승까지 휘돌아라

텅 비운
항아리 속에

물이 고일 일이다.

갈꽃이 흔들리면
울렁거려 나 죽겠네

죽어도 모자라는
그리움의 깊이에서

지지글
온 몸을 태워
재나 돼볼 일이다.

(1986.10.31)

봄의 문턱에서

윤삼월 초승이면
가다가도 온다는데

올 사람 갈 사람이
나에겐 아직 없어

빈 방을
서성거리며
찻잔이나 비우더니.

물오른 가슴으로
밤을 앓던 그날에는

고향산 가지 끝에
둥근 달을 걸어 놓고

한 타래
연정을 풀어

그대 옆에 누웠었지.

어제의 기억들을
빗장으로 건다 해도

냉잇국 한 사발로
몸을 푸는 이맘때면

사랑이
허리를 틀며
눈을 뜨고 있었다.

(1984.7.6)

밤의 서정(抒情) · 1

파도가 밀려오는
밀려와 부서지는

저만큼 밀려와도
심지 끝에 불이 붙는

동짓달
뜨거운 밤이
허리띠를 푼다네.

눈썹에서 노닐다가
앙가슴에 뛰놀다가

물보라 피어나는
진구렁에 빠지다가

지그시
눈을 감으면
천(千)의 현(絃)이 떤다네.   (1980.1.25)

우리 사이

된장국 끓이다가
간을 놓친 지어미를

나직이 불러 보면
열적게 다가오는

꽃에도
상처가 있네
상처 또한 꽃이라네.

사는 게 산다는 게
그렇구 그런 것을

오늘이 있다는 게
그 얼마나 고마운가

그림을
그리다 보면
빈 하늘도 있다네.　　　　　　　(1995.4.20)

달밤에

한밤의 정을 모아
둥실 뜬 고운 달아

이 마음 흔들어서
풍경 소리 나게 하렴

큰누님
떠난 후에도
박꽃들은 핀다야.

하늘보다 높은 것은
그래도 사랑인데

미움도 철이 들어
티 없이 어진 밤에

실실이
가슴 적시며

뜰이라도 걷자야.

뻐꾸기 울음 따라
청산이 묻어 오면

마지막 유산처럼
달빛 어린 무덤 하나

나 또한
돌아갈 땅도
저쯤 바로 있다야.

(1977.1.25)

사랑 찾기

글쎄다 새벽부터
꺾어 든 꽃다발을

줄꺼나 어쩔거나
망설이고 있는 것은

시들지 않는 선물을
안겨 주고 싶어서다.

시들지 않는 꽃은
없다는 걸 어찌하랴

변치 않는 그 사랑이
남원쯤엔 있다기에

콧등에 돋보기 걸고
찾아가는 중이다.

(1996.8.19)

당신

미움도
사랑 앞엔

촛불처럼 떤다는데

아픔이
산이 되어

달빛도 가린 밤에

눈 주면
꽃피는 당신

창 옆으로 오시게나.

(1987.5.5)

제3부 어머니의 방

어머니의 방 · 1

나직이 불러보면
이내 콸콸 쏟아지는

세 아들 세 딸에게
빈 그릇을 채우려다

굽 낮은
신을 신고도
잔허리가 굽으셨다.

인생이 실처럼만
긴 것으로 알았더니

어느덧 살다보니
바늘처럼 짧다시며

대 물린
가난을 안고

여기까지 오셨다.

아직은 남아 있을
저 하늘을 우러르며

길어도 길어내도
솟아나는 우물가에

손 모아
서 계신 날엔
어깨 너머 달이 뜬다.

(1976.10.15)

의자(椅子)에 기대어
― 갑년(甲年)을 맞아

이 한낮 고요롬이 모란으로 벙근 날은
곰곰이 한번쯤은 되새겨 볼 일이다
꽃 둘레 저 향내음이 얼마만큼 남는가를.

한동안 쌓아 올린 탑도 이젠 흔들리고
녹두빛 그리움에 혀가 찔려 아픈 밤에
촉촉이 젖어만 오는 내 유년의 눈썹이여.

산정을 오르내린 그날의 메아리가
아직은 넉넉하게 손금으로 흐르는데
엿가락 늘어진 삶이 비탈길에 눕는가.

더러는 밀려오는 가난을 짚어보고
창 밖에 굴러가는 종소리도 줍다보면
삭정이 가지 끝에도 비가 오고 있었다.

예순 개 돌이 놓인 가파른 정수리에
뚜욱 뚝 소릴 내며 돋아나는 가시 하나
아파도 견디다 보면 꽃처럼만 보일 게다. (1985.7.5)

삶의 층계

물비늘 반짝이는
유년의 강둑에선

발꿈치 들어가며
몇 번이고 키를 쟀지

어려선
내일을 업고
무럭무럭 자랐단다.

새벽을 문신하는
산마루에 올라 앉아

큰 소리 질러가며
눈썹을 휘날렸지

젊어선
오늘을 업고

거드름을 피웠단다.

기우뚱 흔들리는
저녁 해를 바라보며

그 많은 추억들의
빗장을 열어 놨지

늙어선
어제를 업고
그럭저럭 사는 거다.

(1995.6.26)

사진첩(寫眞帖)

주름살 펴보다가 안경을 갈아끼고
접어 둔 그 세월을 한 겹씩 펴다 보면
가난도 물이 올라서 은비늘로 반짝인다.

안성골 시골학교 선생으로 있던 시절
낙엽을 밟고서도 볼이 붉던 얼굴들이
저 금간 유리창 너머 갈매기로 떠오르고.

칡덩굴 줄기줄기 뻗어가던 자유하며
쟁깃밥 일어서듯 돋아나던 그리움에
보랏빛 하늘을 잡고 알몸으로 부볐더니.

솔바람 한 자락을 모자 챙에 얹어놓고
종다리 띄우다가 그물 놓아 꿈도 뜨며
푸성귀 환한 들녘을 신명나게 달렸지.

산조차 돌아앉은 한가로운 교정에서
시린 손 깨물어도 흐른 피가 꽃이더니

사월은 비를 맞으며 시름시름 돌아갔다.

가늘게 흔들리는 석탑의 등 너머로
어둠을 몰고 오는 따가운 채찍 소리
살아온 눈썹 하나로 또 하루를 거른다.

(1986.5.24)

자술서(自述書) · 2

빗장을 걸어 놓고
한나절을 절구다가

누군가 자박이며
다가오는 그 소리에

가슴이 열리면서도
문은 열지 못했다.

북한산 나비떼가
철 맞아 짝지을 때

한 번은 울어야 할
몸살 난 꽃송이가

어깨를 흔들어대도
차마 꺾질 못했다.

꽃물이 옷깃으로
스며드는 사람끼리

서로의 여울목에
발목을 잠그면서

밤 새워 다리를 놓고도
건너지는 못했다.

(1992.4.8)

누님댁

산신(山神)의 헛기침이
나직나직 들려 오면

아침으로 이어지는
안개를 문지르며

무명지
아픈 인종(忍從)을
우물물에 헹구다가.

지엄한 말씀대로
제기(祭器)마다 윤을 내고

날이 선 빨래줄이
이잉 잉 소리칠 때

가난한
저녁밥상을

별빛으로 채우더니,

용마루 휘인 뜰에
양반댁 기침 소리

꽃잎만 떨어져도
흔들리던 큰누님은

한 목숨
넉넉히 쏟아
지아비를 따랐다.

(1985.7.10)

고향

힘겨운 바람 떼를
저만큼 밀어내며

몇 번이고 오르내린
허기진 언덕으로

담북장 뜨는 내음이
어머니로 다가오고.

밤이면 품속으로
파고들던 물음표가

이 마을 어디선가
새싹으로 돋을 무렵

손 털며 돌아누우신
울아버지 아버지.

더러는 손때 묻은
질화로로 버티면서

대대로 물려받은
언 손을 녹여 주고

한 핏줄 사르기 위한
불씨들도 묻고 있다.

(1997.5.25)

세모(歲暮)에

손바닥 크게 벌려
햇살을 잡으려다

이마의 잔주름이
마냥 아픈 그믐날에

오후로
기운 층계를
비실비실 내려 왔네.

등 푸른 고기떼를
시오리쯤 따르고도

물 먹은 시간들이
삐걱이는 저녁나절

마지막
달력 한 장이
식은 땀을 흘리네.　　　　　　　　(1996.12.31)

한눈 팔다가

가파른 두렁길을
한 시간쯤 달리다가

넉넉한 강을 만나
휘파람을 불던 날도

빈 들녘 설움에 타는
저녁놀을 보았지.

손 없는 날을 잡아
장 담그던 어머님과

해질 녘 그리움을
박꽃으로 피우더니

한눈을 파는 동안에
사잇길로 빠졌네.

반쯤은 굽은 허릴

예까지 끌고 와서

후두둑 가을 비에
귀가 열려 아픈 이 밤

실없이 잔을 기울여
하루 해를 쏟았지.

그 많은 이야기를
비듬으로 떨구면서

어설픈 춤사위로
손 한번 접다 보면

남도창 피 쏟는 까닭을
이제 조금 알겠네.

(1992.5.15)

검버섯 필 무렵

내 삶을 가늠하는
저울대로 서다 보면

바람에 찢겨 나간
남루한 일상들이

자핫골 나뭇가지에
연처럼만 걸려 있네.

십 리쯤 달려나온
오후의 강둑에서

별들이 함몰해 간
빌딩 숲 저 너머로

싸늘한 전류를 타고
무너지는 저 소리.

천적으로 따라 붙는
가난에 떨다가도

목련이 벙글 때면
흥얼흥얼 읊어대던

그날의 가슴 둘레로
검버섯이 피어나고.

저 낡은 나침반이
동과 서로 기울다가

더러는 담장 너머
무지개로 꽂히다가

한겨울 눈이 내리면
주저앉고 말겠네.

(1989.4.28)

지나는 길에

이른 봄 풀잎들이
일어서는 들녘에서

담뱃재 털어가며
한동안 거닐다가

저 멀리 사라져 가는
철새들을 바라본다.

손끝에 피어나는
연연한 소망으로

정상에 오르려는
힘겨운 소리소리

한 백 년 흐르고 나면
자국이나 있으랴.

꽃잎과 그늘이야
이웃으로 통하지만

인고로 삭아 내린
기나긴 길목에서

쓸쓸히 혼자인 날은
강으로나 갈 일이다.

비우는 몸짓으로
강둑길을 걷다 보면

흐르는 강물에서
넉넉함을 배우나니

한 세상 지나는 길에
허허 한 번 웃자꾸나.

(1987.3.27)

빛살 캐기

천의 강 만의 산이
빛을 잃고 누운 밤엔

먹물로 한지 위를
일편 단심 메꿔야만

맨발로
달려도 좋을
새벽길이 열릴 걸세.

짭짤한 육자배기
간 맞춰 부를 때는

놋숟가락 뒤척이던
이 고장 소리들이

은방울
소리를 내며

걸어오고 있었나니.

종달새 떠오르자
한 겨울이 무너지고

여울져 빛이 고운
산하가 다가올 땐

우리는
물오른 버들
한밤에도 싹이 텄네.

갓김치만큼이나
얼얼한 하늘 아래

너와 나 하얀 옷이
윤이 나기 위해서는

무시로
손을 모두어
빛을 캐야 하는 걸세.

(1997.9.18)

서울 거리

한 눈쯤 감아야 할
서울의 거리에선

여인이 절룩이면
부추겨 손을 잡고

광대가
외줄을 타듯
그렇게만 걸어야 하네.

재우고 또 재워도
깨어나는 낙서들과

한사코 몰려드는
물음표를 달래가며

비틀린
발자국들을

가지런히 세워야 하네.

손등을 문지르며
묵은 때를 닦아내고

걸어 둔 속옷까지
먼지를 털다 보면

쫓기던
고향 하늘이
어머니로 오실 걸세.

남산 중턱에서
상수리가 떨어지면

툭 하는 그 소리가
종로까지 들려 오는

그러한
세상을 향해
걸어야만 하는 걸세.

(1992.4.12)

장작 패기

허리가 시린 날은
장작을 패는 거다

힘줄을 세워 가며
땀방울을 흘려야만

내 아직
살아 있음을
저당할 수 있는 거다.

하품이 솟거들랑
장작이나 팰 일이다

어깨를 들썩이며
장단을 맞춰 가며

어차피
사는 거라면

신명나게 살 일이다.

세월이 궁금하면
장작을 패야 한다

잠자던 연륜들이
동그랗게 눈 뜨거든

발끝을
바르게 세워
걸어야만 하는 거다.

(1997.3.20)

사는 법

가난도 모가 닳아
윤이 나는 이 아침에

둔덕길 오르면서
서너 번쯤 울어야만

싯푸른
새벽 강으로
웃을 날이 오는 거다.

나른한 그림자가
길게 누운 골목에서

어깨를 툭툭 치며
쓸쓸하게 헤어져야

손 잡고
흔들어 대며

만날 수가 있는 거다.

알 낳는 그날부터
죽어가는 연어떼와

몇 날을 날으려고
몇 해를 숨어 사는

매미의
애벌레들도
살기 위해 그런 거다.

(1997.1.17)

오시게나

저 고운 하루 해가
어깨를 들썩이자

아직도 달려오긴
마냥 서툰 길목에서

자꾸만
올 것만 같아
돌아서질 못하네.

끈질긴 목숨 하나
예까지 끌고 와서

바람에 휘인 가지
그 가지를 달래 가며

때 맞춰
둥지를 트는

겨울새도 있나니.

속죄의 잔을 들어
서너 잔 비우거든

부시게 아름다운
눈물로 오시게나

아니면
새벽을 여는
바람으로 오시게나.

(1986.9.6)

창문 내기

싹 틔울
풀씨 하나

묻어 두지 못하고서

불임의
긴 세월을

보내기는 하였지만

풀잎이
우거진 쪽으로

창문쯤은 내야겠다.

(1996.5.28)

비 내리는 오후

기어이 오후부터
보슬비가 내리더니

파르르 잎이 떨고
꽃봉오리 버는 소리

벌 나비
눈들을 감자
온 마을이 꿈을 꾼다.

(1997.11.19)

길

오늘을 산다해도 어차피 갈 거라면
눈 감고 하루쯤은 주정꾼이 되었다가
이승도 저승도 아닌 그런 길로 들까보다.

등 굽은 나는 지금 어디쯤에 와있을까
그 좁은 골목길로 굴렁쇠를 굴리다가
발목이 자주 빠지는 늪 속에서 헤맸으니.

투정도 시가 되던 고향길로 접어들자
그 많은 외로움을 장죽으로 다스리며
비어서 정작 가득히 넘치시던 할머니.

사는 걸 산다는 걸 조금은 알았기에
헌 신도 댓돌 위에 동그마니 올려 놓고
저만큼 남은 그길을 맨발로나 걷는 거다.

(1998.4.7)

방향 감각

어허 참 저 꽃들은
봄철에만 피자는데

얼룩진 추억들을
한 움큼씩 꺼내 들고

풀잎이 쓰러져 가는
늦가을로 삽니다.

그것 참 고운 해는
동에서만 뜨자는데

그늘진 마침표를
여기저기 찍어가며

달빛이 이지러지는
서쪽으로 갑니다.

(1998.4.23)

저녁 놀

어머나 곱디고운
저 빛깔이 웬일이여

구겨진 옷소매로
쓰윽 한번 훔친 후에

한입에
베어물꺼나
잘도 익은 저 홍시를.

(1998.6.11)

이사를 하던 날에

텅 비운 장독대로 가랑잎을 굴리다가
간밤엔 문풍지로 울어대던 바람떼가
아직도 현관 앞에서 서성대고 있나니.

있어야 할 것들이 때없이 보채며는
없어도 되는 것이 따라서 칭얼대던
두고 온 그 소리들이 가물가물 들리는데.

서울역 그쯤에선 한 박자 늦췄다가
굿거리 장단으로 허둥지둥 걷다보면
신발을 벗어도 되는 그런 날이 오는 거다.

(1998.7.14)

제주도 돌담

사랑을 익히려면 제주도로 가야 하네
바람과 어우러져 숨고르는 돌담에서
천년을 버티어 오는 그 사랑을 말일세.

한동안 속삭이며 정을 주던 바람떼를
밀물이 다가오면 넌지시 내보내는
넉넉한 사랑의 법을 돌담에서 배울걸세.

노을로 갔다가도 새벽으로 달려오는
토박이 섬바람의 그 사랑을 맞기 위해
서둘러 돌틈마다에 문을 내고 있었네.

(1998.8.6)

[해설]

잔정(情)으로 쌓아올린 '개미 금탑'

정종진
청주대 교수 · 문학평론가

 잔정은 결코 하찮은 정이 아니다. 대의(大義)도 잔정에서 비롯된다. 잔정이 쌓이고 쌓여 큰 감동을 이루어내는 것이다.
 이우종의 시조들은 잔정으로 쌓아올린 개미 금탑(金塔)이다. 낙엽 한 장, 소쩍새 울음 한 마디, 옛 추억 한 토막에 쏟은 정성이 하그리 알뜰해 읽는 이를 생기(生氣)있게 해준다. 그는 일상생활에서 깨우친 진실들이 얼마나 소중하고 값진 것인지 알게 하는데 시종여일 다정하다. 화려한 수사나 높은 목소리가 없어 허장성세가 조금도 느껴지지 않는다. 삶의 의미를 다시 성찰하고 만물을 새롭게 느껴보도록 나직한 목소리로 권유하고 있는 듯하다. 결국 '소박함'이 그의 최상 덕목임을 어느 작품에서든지 느끼게 된다.

    한 십년 살다 보면 가난도 길이 들어
    열두나 다랭이가 줄이 죽죽 금이 가도
    당신이 웃는 동안은 청산 위에 달이 뜬다.

    장마루 놀이 지면 돌아올 낭군하고
    조금은 이지러진 윤이 나는 항아리에
    제삿날 울어도 좋을 국화주(菊花酒)나 빚어야지.

    아직은 두메산골 덜 익은 가을인데
    사랑이 응어리로 터져 오는 밤이 오면
    보리를 쌀이라 해도 묻지 않는 양(羊)이어라.

「산처일기(山妻日記)」다. 그의 시정신이 웬만큼 익었다고 할 수 있는 시기의 작품이다. 얼마나 상쾌하고도 소박한가. 욕심을 내지 않는 삶이 그르칠 리 없듯이, 큰 욕심을 내지 않은 시정신이기에 오히려 안정돼 있고 다정다감한 느낌을 받는다. 안분지족(安分知足)의 나태한 자세라고 그 누가 헐뜯을 수 있을까. 실상 그것보다 위대한 재산은 없다. 그의 이런 정신이 시의 뼈와 살을 이루고

끝내 변하지 않는다. 항심(恒心)인 것이다.

  그의 작품을 읽노라면 그가 왜 글을 쓰는가, 왜 시조를 택했는가에 대해 확실히 알게 된다. 그의 작품은 언제나 나직한 어조로 마치 스스로를 향해 타이르고 있는 듯 하다. 남을 설득하려는 투가 아니어서 더욱 호감이 들게 한다. 늘 욕심을 비우려 하고 가슴과 눈을 부드럽게 하여 삶을 관조하는 모습이 예사롭지 않다. 「어느 날의 기도문」, 「꽃과의 동행」, 「이런 날 하루쯤은」과 같은 작품이 그렇다.

    갈꽃을 꺾어 들자
    가슴앓이 도지거든

    그런 날 하루쯤은
    강변길을 거닐다가

    한 십 년
    숨겨만 오던
    그 속살을 씻는 거다.

    그리움의 무게만큼
    박넝쿨이 늘어질 땐

    슬며시 한번쯤은

빗장문을 열어 놓고

목이 긴
사람이거든
버선발로 맞는 거다.

늦가을 초승달이
눈썹 위에 꽂혀 오면

다음 날 하루쯤은
황톳재를 넘는 거다

고향 녘
스쳐만 가도
열무김치 맛이란다.

「이런 날 하루쯤은」이란 작품의 전문이다. 문득문득 솟구치는 우리들의 순박한 충동, 일상의 감흥을 억제하지 말라고 타이른다. 욕심 때문에 사뭇 쫓기듯 사는, 그래서 이 세상을 더욱 속악(俗惡)스럽게 할 수밖에 없는 사람들의 마음을 돌려놓으려 한다.

이우종은 시를 쓰기도 했지만 거의 시조를 택했다. 그것은 그의 체질에 시조가 맞다는 의미가 된다. 일반에서 생각하기로는 시조의 형식이 정해져 있어 시보다 훨씬 답답할 것 같지만 절대 그렇지 않다는 것을 그는 시조 형태의 다양한 실험을 통해 보여준다. 어차피 시도 정형률의 망령이 늘 뒤따르기 때문이다. 시조만으로도 얼마든지 할 말을 하고 충분히 자유롭다는 생각을 그의 시들에서 확인할 수 있다.

  시는 언어의 경제성을 최상의 덕목으로 한다. 늘 황홀할 정도를 마른 몸피가 되기를 염원한다. 그렇다면 시조도 다를 게 없다. 예로부터 오랫동안 응축시키고 다독거린 최소한의, 그리고 최선의 형태인 것이다. 그런 시를 우리는 단직(端直)하다고 말한다. 「종·2」나 「이농」, 「초승달·2」과 같은 작품들에서 그 모범을 본다.

    강 건너
    저 마을에

    꽃집들이 들어서자

    서투른
    마을에선

    바람으로 채우다가

더러는
　　풍선이 되어

　　날아가고 있었다.

　「이농(離農)」이란 작품이다. 어느 내용으로써도 시조는 전통의 형태거나 위와 같은 형태로 변형될 수 있겠지만 내용의 팽창력, 긴장력은 같을 수가 없음은 물론이다. 「이농」은 내용이 한껏 힘을 보인다. 마치 언어와 그 놓일 자리가 찹쌀떡에 조청 궁합으로, 상추쌈에 된장 궁합으로 어우러져 좋은 작품을 만들어 냈다. '이농'의 아픔을 아픔이라고 말하지 않고 기발한 비유로 경쾌하게 의미를 생산해 낸다. 작을 대로 작아진 시조라는 그릇에 크나큰 사회문제를 넣는 솜씨가 탁월하다.

　「이농」에서 보여주듯이 이우종은 사사로운 감정 표현에만 몰두하고 있는 것은 아니다. 이른 바 대의(大義)를 말하는 것에 소홀하지 않았다. '휴전선에서'라는 부제가 달린 「동행의 의미」와 「임진강」 같은 시들이 그렇다.

　다섯 연으로 된 「동행의 의미」에서 끝의 두 연을 보자.

　　팻말엔 「출입금지」
　　놀 빛에 타는 저녁
　　복사꽃 만발하던

기억의 층계 위로
끝없이 쏟아만 지는
눈발이여 눈이여

별이 지는 세상에도
피어나는 꽃잎처럼
한 번쯤 얼싸 안고
목놓아 울다 보면
물보단 피가 짙더라
얘기할 수 있을까

'저렇게 나무 잎은/ 오손도손 다가붙고/ 예대로 강은 흘러/ 남과 북을 적시는데/ 서로는 과녁이라서/ 눈멀어야 하는가'로 시작하는 데서 느끼듯 절실한 안타까움으로 조국의 분단현실을 생각하게 한다.

잔정으로 잔잔히 흐르다가 격정으로 휘감는 이런 시조들 때문에 그의 시정신은 그만큼 진폭을 확보하는 것이다.

이우종 시조의 주조는 아무래도 자연친화다. 자연에 동화되는 기쁨을 표현하는 데 힘을 쏟으며, 자연과 인생을 견주어 대조감정을 느끼고 자연의 질서에 삶을 동화시키려 한다.

저만치 길이 있어 굽이도는 길이 있어
고운님 밟고 갔을 그 길 따라 걷노라면
청산이 빗장을 풀고 나를 끌어 들이네.

빛살로 부숴지는 저 골짝 물보라에
이 골짝 나뭇잎이 수런수런 눈을 뜨면
윤삼월 무덤가에도 피가 돌아 꽃이 피네.

한 세월 밀어 올린 벼랑의 저 끝에서
흰 구름 한가롭게 숨 고르는 한나절은
철새도 낮달을 가려 초록으로 몸을 씻네.

나직한 저 하늘을 이마 위에 얹어 놓고
적막의 숲 속에서 속살 한 번 행구다가
조약돌 그만도 못한 나를 보고 울었네.

초롱꽃 등 달거든 나도 따라 등을 달고
산토끼 뛰어들면 등이라도 긁어 주며
한 자락 솔잎을 깔고 예서 마냥 살까보다.

「산(山)에서」란 작품이다. 그의 작품에는 '산'을 제재로 한 것이 유난히 많다. '인자요산 지자요수(仁者樂山 知者樂水)'란 말이 아니더라도 시 전체에서 표현해 내려

는 것이 인간의 어진 성정이다. 자연에 동화되어 삶을 영
위하는 모습에 최상의 가치를 두고 있는 것이다.

 자연친화 사상은 「산에서」처럼 편하고 은근하게 표현
하는 것이 그의 장기(長技)지만 때론 재기발랄하게 요동
치는 수도 있다.

    하늘도 이런 날은
    개짐까지 풀어 놓고

    비 내린 저 들녘을
    질펀하게 깔고 앉아

    속눈썹 깜박이면서
    은근짜로 웃고 있다.

    암창난 검정소가
    풀밭을 베고 누워

    낮달을 어르다가
    선하품을 하는 동안

    하늘 땅 살을 섞으며
    진저리를 치고 있다.

「비 개인 하늘」이란 작품이다. 훌륭한 시인이 아니고는 평범하달 풍경을 이렇게 힘 있고 재치 있게 표현해내기 힘들 것이다. 재기발랄하다 못해 꽤나 짓궂다고 말할 수 있다. 하늘의 표정(天文)과 땅의 이치(地理)를 이렇게 읽어낼 수 있다면 그거야말로 격물치지(格物致知)에 이른 셈이다. 자연을 관조하여 그 섭리를 따라 순리대로 살기를 소망하기 때문에 깨우친 스스로의 도(道)가 격물치지인 것이다.

그의 시들 중에서 가장 아름답게 여겨지는 것은 삶과 죽음의 경계가 없다는 깨달음을 표현한 시들이다. 「지나는 길에」와 「길」 같은 시가 그중 탁월하다.

> 오늘을 산다해도 어차피 갈 거라면
> 눈 감고 하루쯤은 주정꾼이 되었다가
> 이승도 저승도 아닌 그런 길로 들까보다.
>
> 등 굽은 나는 지금 어디쯤에 와있을까
> 그 좁은 골목길로 굴렁쇠를 굴리다가
> 발목이 자주 빠지는 늪 속에서 헤맸으니.
>
> 투정도 시가 되던 고향길로 접어들자
> 그 많은 외로움을 장죽으로 다스리며
> 비어서 정작 가득히 넘치시던 할머니.

사는 걸 산다는 걸 조금은 알았기에
헌 신도 댓돌 위에 동그마니 올려 놓고
저만큼 남은 그길을 맨발로나 걷는 거다.

「길」이란 시다. 말년의 작품이면서 참으로 경쾌하게 읽힌다. 그 경쾌함이란 결국 삶에 대한 집착이나 죽음에 대한 두려움을 훌훌 벗어버린 데서 생겨난다. 시인이 훌륭한 사상을 갖추고 있음을 보여주는 작품이다. 삶과 죽음이 결국 경계가 없다는 것, 삶 속에서 죽음을 보고 죽음 속에서 삶을 보는 시인의 정신이 어찌 도가사상에 못 미치랴.

이우종은 화려한 수사나 시의 구조미로 작품을 돋보이려 하지 않았다. 작품의 위대성을 결정해 준다는 사상으로 시조의 격을 높였다. 그러나 그 사상은 잘 정서화된 것이어서 사상으로 여겨지지 않을 뿐이다. 그래서 잔정으로 여겨진다. 연시조를 즐겨 쓰다보면 시정신이 때로 느슨해질 수 있다는 것을 이우종의 작품에서도 지적할 수 있지만, 자연을 관조하고 삶을 제대로 성찰함으로써 작은 약점을 잘 보완했다. 읽는 이들에게 생기(生氣)를 돋우어 주는 훌륭한 작품을 쓴 시인의 업적은 높이 평가받아야 마땅하다.

이우종 연보

생년월일 : 1925년 10월 17일
작　　고 : 1999년 1월 20일
본　　적 : 충청남도 아산군 신창면 점양리 99
주　　소 : 서울시 종로구 신영동 214-56
묘　　소 : 위치 충청남도 아산군 송악면 동화리(선산)

학력
1949년　7월 동국대학교 전문부 졸업.
1965년　1월 국학대학 국문학부 졸업.
1967년　2월 동국대학교 대학원 졸업.

수상 경력
1954년　『문화세계』에서 시 「설경」 입상.
1961년　『동아일보』 신춘문예에서 시조 「탑」 당선.
1980년　한국문학상 수상.
1988년　가람 문학상.
1993년　육당 문학상.
1994년　황산시조 문학상.
1990년　사도대상.
1991년　국민훈장 목련장.

1995년   한국자유시인상.

일반 경력
1949년   8월 대한민주여론협회 기자.
1951년   4월 국제연합군 백이리부대 한국군 자원병.
1952년   5월 경기도 안성읍 안법고등학교 국어과 교사.
1961년   8월 서울 진명여자고등학교 국어과 교사.
1981년   3월 서울 명지전문대학, 서원대학교 등 출강.
1984년 4월~1998년 10월   동아문화센타 시조작법 출강.
1999년   1월 작고.

문단 경력
1957년   10월 정부 주최 제1회 전국백일장에서 시조부 당선.
1960년   1월 조선일보 주최 신춘문예「비원」입선.
1961년   1월 동아일보 신춘문예 시조부에서「탑」으로 당선.
1962년   2월 시조 전문지『시조문학』편집위원.
1963년   10월 영친왕 귀국기념백일장 심사위원.
1963년   11월『현대시조작가대표작집』편집.
1964년   4월 한국시조작가협회 발기인이 됨.
1964년   12월 한국시조작가협회 초대상무이사.
1967년   1월 동아일보출신작가 모임인 <문학동우회> 회장.
1968년   1월『신문학』60년 기념 시조 50인선에 관한 인선 문제를 '현대문학사'로부터 위촉.
1970년   1월 한국문입협회 이사.
1970년   4월 시민회관에서 '한산섬 노래의 밤'을 주최.
1970년   6월 시조전문지『현대시조』창간.

1970년	11월 진주 개천예술제 시조부 심사위원.
1970년	11월 동국문학인회 이사.
1971년	1월 『새시대문학』 편집위원.
1971년	1월 한국문인협회 이사(연임).
1971년	1월 한국시조작가협회 이사(연임).
1971년	9월 『새시대문학』 시조부 심사위원.
1972년	3월 국제 펜클럽 한국본부 회원.
1973년	3월 한국시조작가협회 부회장.
1975년	1월 한국문인협회 기관지 『월간 문학』 편집위원.
1975년	10월 제1회 민족백일장 본선 심사위원.
1976년	1월 『사학』(대한사립중고교장회 기관지) 편집위원.
1977년	10월 민족시백일장 본선 심사위원.
1978년	10월 민족시백일장 본선 심사위원.
1978년	12월 한국불교문학가협회 부회장.
1979년	1월 한국문인협회 이사.
1979년	1월 한국시조시인협회 부회장.
1979년	1월 동국시조시인회 부회장.
1979년	6월 제4차 세계시인대회 참가.
1979년	10월 가람문학회 부회장.
1979년	10월 민족시 백일장 본선 심사위원.
1980년	1월 한국현대시조문학회장.
1980년	10월 민족시 백일장 본선 심사위원.
1980년	12월 국제시인대회에서 한국대표(일본 동경).
1981년	3월 계간 『현대시조』 발행인 및 편집인.
1981년	5월 국풍 '81 시조백일장 심사위원.
1981년	10월 민족시백일장 본선 심사위원.

1982년	1월 한국현대시조 문학회장.
1982년	10월 민족시백일장 본선 심사위원.
1983년	1월 한국현대시조시인협회 상임 부회장.
1983년	3월 제1회 민족시낭독회 개최.
1983년	9월 현대시조 백일장 및 '83 현대시조 세미나 개최.
1983년	10월 민족시 백일장 본선 심사위원.
1984년	2월 제1회 현대시조 문학상 개최.
1984년	2월 현대시조 추천응모작 심사위원.
1984년	4월 동아문학센터에서 현대시조작법 강의.
1984년	7월 진흥원 강당에서 현대시조작법 강의.
1984년	10월 범세계한국예술인회의 발기인.
1985년	1월 한국현대시조시인협회장.
1985년	1월 동국시조시인회장.
1985년	5월 제1회 영남시조백일장 심사위원장.
1985년	5월 『동국시조』 창간호 발행.
1985년	11월 '85 현대시조 세미나 개최.
1985년	12월 동아일보 신춘문예 시조부 심사.
1986년	1월 한국참전시인협회주최 '제1회 자유시인상' 심사위원장.
1986년	11월 '86 현대시조세미나 개최.
1986년	12월 동아일보 신춘문예 시조부 심사위원.
1986년	12월 회갑기념 시문집 발간.
1987년	10월 한밭 '전국시조백일장' 심사위원.
1987년	12월 동아 시조문학회 『여의도 창가에서』 창간호 발행.
1988년	1월 한국시조시인협회 주관 '현대시조작법' 특강.
1988년	2월 동국시조시인협회 『동국시조』 3집 발간.

1988년   4월 한국문인협회 온양지부 문학 강좌에서 '시조작법' 특강.
1988년   10월 한밭 전국시조백일장 심사위원.
1989년   2월 한국자유문인협회 지도위원.
1989년   9월 중앙일보 주최 전국시조백일장 심사위원.
1989년   10월 한밭 전국시조백일장 심사위원.
1990년   7월 한국자유시인협회 부회장.
1990년   9월 중앙일보 주최 전국시조백일장 심사위원.
1990년   11월 육당 시조문학상 심사위원.
1991년   5월 세종대왕 '숭모제전기념' 전국시조백일장 심사위원.
1991년   9월 중앙일보 주최 전국 시조백일장 심사위원.
1992년   1월 국제펜클럽 한국지부 이사.
1992년   3월 문예대학 '시조 및 시 작법' 출강.
1992년   9월 중앙일보 주최 전국 시조백일장 심사위원.
1993년   5월 대한주부클럽 주최 전국백일장 심사위원.
1993년   9월 서울특별시문화상(문학부문) 심사위원.
1993년   10월 한국시조시인협회 주최 전국 시조백일장 심사위원.
1993년   10월 중앙일보 주최 전국 시조백일장 심사위원.
1994년   3월 문화일보 주최 전국백일장 심사위원.
1994년   9월 서울특별시문화상(문학부문) 심사위원.
1995년   3월 문화일보 주최 전국백일장 심사위원.
1995년   10월 시조생활사 주최 '전국시조백일장' 심사위원.
1996년   4월 부천시 '복사골 문학 축제' 특강.
1996년   9월 시조생활사 주최 '전국시조백일장' 심사위원.
1996년   10월 가람시조문학상 심사위원.
1996년   10월 온겨레 시조짓기 운동본부 주최 '제1회 시조 백일

	장' 심사위원.
1997년	12월 청운시문학동인지 발간.
1998년	3월 『모국의 노래』 출간.
1998년	4월 한국시조시인 협회장.
1998년	11월 '시조한국' 협회지 창간호 발간.
1999년	1월 작고.

시집으로는 『母國의 소리』와 『母國의 노래』가 있으며 『한국시조의 이해』, 『시조론』, 『한국시조작가 대표작집』, 『동국시조』, 『동아시조』 등의 편저가 있다.

참고문헌

이기반, 「시조의 형식미와 언어의 접합-유동 이우종론」, 『시와 시론』, 1986. 7.
김동준, 「이우종론」, 『이우종 화갑기념논총』, 1986. 12.
김상선, 「이우종 시조집」, 『이우종 화갑기념논총』, 1986. 12.
정의홍, 「시조의 새로운 가능성」, 『동국시조』 2호, 1987. 10.